SANS FORCE DEVANT LE POURSUIVANT

Par

Dr. D. K. Olukoya

SANS FORCE DEVANT LE POURSUIVANT

Une publication des :
Ministères de la Montagne de Feu et des Miracles.
13, Olasimbo Street, off Olumo road (UNILAG second gate)
Onike, Iwaya. Lagos. Nigeria

ISBN: **978-0692491072**

Lamentation 1:6 dit, « *La fille de Sion a perdu toute sa gloire ; Ses chefs sont comme des cerfs qui ne trouvent point de pâture, Et qui fuient sans force devant celui qui les chasse.* » Quelle lamentation tragique. Le coureur est dans un grand problème parce qu'il est poursuivi mais il n'a pas de force. Quelqu'un qui est poursuivi ne peut pas se reposer. S'il n'a pas de force alors il est déjà une proie, une victime. Un coureur qui n'a pas de force est comme étant en prison parce que c'est une question de temps avant qu'il ou elle ne soit pris. Quand quelqu'un qui est poursuivi n'a pas de force devant celui qui poursuit, cela veut dire qu'il ou elle court en vain, il ou elle est impliqué dans un exercice inutile. Quelqu'un qui n'a pas de force devant celui qui poursuit est déjà cuit. Malheureusement, c'est la situation de beaucoup de gens. Ils ont accumulé des ennemis des maisons de leurs pères, leurs mères, leurs gendres et leurs lieux de travail. Ils ont accumulé ces cortèges de chasseurs mais hélas ils n'ont pas de force. Bien-aimé, est-ce que les choses qui vous poursuivent vous rattrapent ?

Etes-vous poursuivi par la colère, la convoitise, la peur, les mauvais rêves, des esprits familiers, des sorciers, le mauvais sort, la pauvreté, la tiédeur, la rétrogression, la ressemblance au monde, l'immoralité, et l'indifférence, et est-ce qu'ils vous rattrapent ? Réfléchissez. Est-ce que les choses qui ne s'approchaient jamais de vous sont en train de vous dominer maintenant ? Vous avez besoin de prier. Est-ce que les anciennes maladies qui sont parties quand vous avez soumis votre vie à Jésus reviennent maintenant ? Il y a une règle spirituelle qui ne change pas. Elle dit, si vous revenez à votre ancien péché, votre ancien problème reviendra. Jésus a dit à l'homme à la piscine de Bethesda, « Ne pèche plus, de peur qu'il ne t'arrive quelque chose de pire. » Donc ancien péché, ancien problème.

La vérité c'est qu'en tant que chrétien, vous devez être celui qui poursuit et non celui qui est poursuivi. Est-ce que vous avez commencé à perdre l'endurance dans la prière ? Etiez-vous le genre de personne qui pouvait jeûner pendant trois ou sept jours et sans que personne ne le sache ? Mais maintenant vous perdez de l'endurance ? Est-ce que vous avez commencé à faillir dans votre résistance à Satan ? Est-ce que le genre de péchés et pensées qui ne traversaient jamais votre esprit établissent maintenant un trône dans votre cœur ? Alors vous devenez impuissant devant celui qui poursuit. L'impuissance de notre présente génération de chrétiens est alarmante et terrible. C'est le moment de décider que vous devez prendre la position qui vous appartient, c'est-à-dire être celui qui poursuit et non celui qui est poursuivi. Donc vous devez combattre et dominer les puissances des ténèbres. De nos jours, des hommes et des femmes se précipitent dans l'occulte pour recevoir de la puissance. A moins que les chrétiens puissent combattre contre leur pouvoir, il y aura un problème. Il y a une règle dans le monde spirituel qui ne change pas. Elle dit, quand une puissance plus forte rencontre une puissance moins forte, par nécessité, la puissance moins forte devra céder. Si vous êtes sans force devant quelqu'un de fort qui vous poursuit, il y a un problème.

COMMENT POURSUIVRE CELUI QUI POURSUIT

Il y a une seule clé pour poursuivre celui qui poursuit et elle se trouve en Psaume 51:17 qui dit, « *Les sacrifices qui sont agréables à Dieu, c'est un esprit brisé : Ô Dieu tu ne dédaignes pas un cœur brisé et contrit.* » Cette clé c'est un cœur brisé et contrit. Il ne peut pas arriver que Dieu rejette le cri de ceux qui ont un esprit brisé et un cœur contrit. Cela veut dire qu'il y a des gens que Dieu dédaigne. Voilà pourquoi la Bible dit, « *Alors ils m'appelleront, et je ne répondrai pas* » (Proverbes 1:28). « *Ils m'appelleront quand ils ont besoin d'aide et je détournerai mon visage* ! » Mais si vous avez un esprit brisé, Dieu ne méprisera pas votre cri. En Psaumes 34:18, nous pouvons voir ceux de qui Dieu est proche ; ceux qui sont amis de

Dieu. Vous pouvez être l'ami de votre Pasteur ou de votre Surveillant Principal mais si vous n'êtes pas un ami de Dieu, vous perdez votre temps.

Psaumes 34:18 dit, « *L'Eternel est près de ceux qui ont le cœur brisé, Et il sauve ceux qui ont l'esprit dans l'abattement.* »
Beaucoup de gens disent ce qu'il ne pratique pas. Beaucoup de personnes portent la Bible mais la Bible n'est pas dans leur cœur. Et l'ennemi peut voir toute l'hypocrisie et la comédie. L'ennemi a des rayons X puissants et des scanneurs par lesquels il peut voir des Chrétiens qui sont sérieux et ceux qui ne sont pas sérieux. Si vous êtes poursuivi par un ennemi qui est plus fort que vous, vous êtes déjà une proie. La Bible dit, « Au reste, fortifiez-vous dans le Seigneur... » (Ephésiens 6:10). Il n'a pas dit fortifiez-vous

dans les commérages, fortifiez vous dans les ragots ou fortifiez-vous dans l'orgueil. « Au reste, fortifiez-vous dans le Seigneur et par sa force toute-puissante » parce que notre ennemi est fort. C'est cet ennemi-là que la bible appelle l'homme fort. Cet homme fort n'est pas de Dieu, c'est un homme fort négatif.

Nos vies doivent démontrer le pouvoir de Dieu, et pour qu'il en soit ainsi, nous devons être brisés. Le Seigneur est proche de ceux qui sont brisés. Ils sont le genre de personnes qu'Il veut. Si vous n'êtes pas brisés alors vous serez sans force devant celui qui poursuit. Mais si vous êtes d'un cœur brisé, le Seigneur sera proche de toi et Sa puissance vous suivrez partout. Les gens des ténèbres la verront et s'enfuiront. Quand Dieu est avec vous, ils s'enfuiront devant vous. Aucun démon ne peut venir vous agresser sur votre lit quand Dieu est proche de vous. Epoux spirituel, sorciers, esprits familiers et la méchanceté familiale ne peuvent pas atteindre quelqu'un qui est brisé parce que Dieu est avec la personne. Quand Dieu est avec vous, partout où vous allez, Il va. Où que vous vous asseyiez, Il s'assoit parce qu'Il est toujours proche de ceux qui sont brisés.

QUE SIGNIFIE ETRE BRISE ?

Etre brisé c'est le domptage de l'âme. Quand une âme est domptée par Dieu, on dit qu'elle est brisée. Beaucoup d'âmes ne sont pas brisées c'est pourquoi vous voyez beaucoup de gens parler sans prudence. C'est pourquoi beaucoup de gens se fâchent et se battent. Quand votre âme n'est pas domptée, vous insulterez les gens et votre langue sera très acerbe. Etre brisé c'est donner une place abondante au Saint Esprit pour opérer dans votre vie. C'est la soumission et l'obéissance complètes à Dieu.

Etre brisé c'est que vous mourrez et que Christ habite en vous. Et vous devenez comme un petit Jésus qui se déplace. Etre brisé c'est la transformation intérieure par Dieu. Etre brisé c'est l'élimination totale de la chair dans votre vie et l'intronisation complète de Dieu dans votre cœur. Etre brisé c'est de permettre à Dieu de faire de vous ce qu'Il veut. Le Seigneur est proche de ceux qui ont le cœur brisé. Il est collé à eux.

Quand vous êtes brisé, il y a des choses que vous ne faites pas, et il y a des choses qui ne vous arrivent pas. Une personne brisée n'agit pas dans la colère. Le fait que vous perdez votre sang froid signifie que vous êtes toujours sans force devant celui qui poursuit. Le fait que vous tombez dans le péché assez facilement et que vous en sortirez vite encore pour vous repentir montre que vous êtes sans force devant celui qui poursuit. La puissance d'une vie brisée ne peut être contestée. N'importe quel domaine d'une vie suffit pour aider l'ennemi à rentrer facilement. Vous ne pouvez pas combattre un ennemi qui est plus fort que vous. Si vous pouvez permettre à Dieu de vous briser, et que toutes les activités et puissances de la chair meurent dans votre vie, vous trouverez que votre vie sera beaucoup plus facile. Et vous commencerez à poursuivre les puissances qui vous poursuivent.

FAITS SUR LA GUERRE SPIRITUELLE

1. Vous devez achevez le diable et sa bande.

2. Vous devez prendre charge de votre pensée. Ce n'est pas toute bataille qui est contre le diable et sa bande seulement. Vous devez établir un contrôle d'immigration solide à la porte de votre pensée. Et n'importe qui ou n'importe quoi qui s'approche de la porte de votre pensée sans les documents qu'il faut est renvoyé à l'expéditeur. Toutes les mauvaises pensées terribles doivent être renvoyées. Ça fait partie de la guerre.

3. Vous devez crucifier la chair. La grande vérité c'est que l'attaque satanique ne peut pas tenir dans une vie qui ne coopère pas avec elle. Si votre chair coopère avec le diable, le diable vous attaquera. Si vous

êtes mort au péché, l'ennemi s'enfuira de vous. Les hommes morts ne répondent pas à la tentation. Les hommes morts ne commettent pas la fornication. Les hommes morts n'insultent pas les gens. Les hommes morts ne sont pas capables de répondre à quelqu'un qui les insulte ou qui leur dit des bêtises. Voilà sur quoi est basée la puissance d'un homme brisé. Quand nous menons une vie brisée, aucune arme forgée contre nous ne pourra tenir. Toute prière contre le diable ne servira à rien, si quelqu'un n'est pas brisé. Dans de tels cas, le diable n'est pas le vrai ennemi, l'ennemi c'est la chair que beaucoup de gens ont refusé de soumettre au Saint Esprit.

Quand vous menez une vie brisée, il n'y pas de sorcier ou sorcière qui puissent manger votre chair. Vous cesserez d'être matière première pour l'attaque satanique. Quand vous menez une vie brisée, vous connaitrez le secret de Dieu. Il vous parlera. Quand vous menez une vie brisée, vous aurez l'immunité contre les flèches sataniques. Quand vous menez une vie brisée, vous marcherez sur des serpents et des scorpions en permanence. Vous deviendrez une terreur pour des forces démoniaques. Et quand vous partez pour vivre avec le Seigneur, les forces démoniaques se réjouiront que vous soyez partis. Quand vous menez une vie brisée, vous n'offrirez aucune coopération au diable. Vous rejetterez le péché dans toutes ses formes. Quand vous êtes brisé, vous n'offrirez aucune protection à l'ennemi. La puissance dans une vie brisée est formidable. Donc vous faites beaucoup de ravages à votre vie spirituelle si vous n'êtes pas brisé.

Quand vous êtes brisé, vous survivrez et vous enregistrez des témoignages à chaque fois. Vous devez crier au Seigneur, que le serpent de péché doit mourir pour que la réalité d'être brisé se manifeste dans votre vie.

Dès que vous vivez dans n'importe quel péché que vous connaissez, soyez sur que vous êtes un ennemi de la croix. Si vous vivez dans n'importe quel péché que vous connaissez, vous êtes sans force devant celui qui poursuit, peu importe combien votre prière est forte. Vous avez besoin d'être brisé.

DES SIGNES DE NE PAS ETRE BRISE

(ou des signes qui montrent que vous n'êtes pas brisé)

1. Si vous êtes têtu, réticent à l'idée de recevoir des enseignements et borné, vous n'êtes pas brisé.

2. Quand votre mauvaise conduite ne pique plus votre conscience, vous n'êtes pas brisé.

3. Quand vous n'avez pas la tristesse selon Dieu pour les péchés que vous commettez et vous n'éclatez pas en sanglots ou vous n'êtes pas désolé, vous n'êtes pas brisé.

4. Quand vous n'êtes pas sensible à votre propre faiblesse spirituelle et vous n'êtes pas sensible au fait que vous ne priiez pas assez ou ne lisiez pas la Bible assez, et que vous ne faites pas ce que le Seigneur veut que vous fassiez, vous n'êtes pas brisé.

5. Si votre cœur est tellement endurci que la parole de Dieu ne peut pas le pénétrer, vous n'êtes pas brisé et vous serez impuissant devant celui qui poursuit.

6. Si vous désobéissez à Dieu consciemment, vous n'êtes pas brisé.

7. Si vous êtes un hypocrite, vous n'êtes pas brisé.

8. Si vous n'êtes pas humble, vous n'êtes pas brisé.

9. Quand vous gardez des amis qui ne sont pas pieux, alors vous n'êtes pas brisé.

Les genres d'amis que vous gardez, la façon même dont vous parlez, la façon dont vous passez votre temps libre, la façon dont vous dépensez votre argent, les choses que vous portez, le genre de musique que vous écoutez, le genre de choses dont vous parlez, le genre de livres que vous lisez et votre façon de gagner votre argent, montrent si vous êtes brisé ou pas.

QU'EST-CE QUE LE SEIGNEUR VEUT QUE VOUS FASSIEZ ?

Il veut que vous deveniez brisé afin que vous puissiez devenir ce qu'Il veut. Un certain homme de Dieu a changé son propre pays. Il a remarqué que quand il voyait des pécheurs dans la rue, il ne se souciait pas s'ils étaient sauvés ou pas. Donc, il savait que quelque chose n'allait pas avec lui. Il est allé à la montagne et a prié un sujet de prière pendant sept jours. Le sujet de prière c'était : « Ô Seigneur, brise-moi ! » Lorsqu'il a prié cela pendant sept jours, quelque chose est arrivé. Il est devenu un homme changé. Quand il s'est levé et a commencé le ministère, des choses ont commencé à se passer. Nous devons nous ressaisir. L'orgueil doit partir. Toutes sortes de mauvaises paroles doivent partir. Toutes sortes de caractères sans amour doivent partir. Si vous dites des choses aux autres personnes et plus tard vous commencez à le regretter, alors vous n'êtes pas brisé. Vous serez sans force devant celui qui poursuit.

Malheureusement, il y a beaucoup de pasteurs non brisés, des stewards non brisés, des membres de chorales non brisés, et des ouvriers non brisés dans l'église. Un homme est rien sans Dieu. Vous devez permettre à Dieu de vous mettre sur son brancard, vous amener à sa salle et faire une intervention chirurgicale sur votre vie.

Samson était un enfant de promesse, un enfant dont la naissance était prophétisée par des anges. Il était destiné à être un vainqueur même avant sa naissance. Mais à cause du domaine non brisé de sa vie, il a tout perdu. Il est devenu aveugle. L'homme fort que les Philistins craignaient est devenu quelqu'un qui broyait du piment parmi les Philistins. A la fin, il est mort avec ses ennemis. Bien qu'il ait tué plus d'ennemis à sa mort il est mort avec eux. Bien-aimé, vous devez crier aux cieux de vous délivrer d'être non brisé pour accomplir votre destin divin.

SUJETS DE PRIERE

1. Ô Seigneur, brise-moi, au nom de Jésus.
2. Mon père, aide-moi, je ne veux pas être un exemple négatif, au nom de Jésus.
3. Toi puissance d'échec au bord du succès, ton temps est terminé, meurs, au nom de Jésus.
4. Toi puissance de fin minable, meurs, au nom de Jésus.
5. Feu céleste, lève-toi, attaque la pauvreté dans ma vie, au nom de Jésus.

6. Toi homme fort qui trouble ma vie, meurs, au nom de Jésus.
7. Toute habitation de méchanceté dans ma demeure, disperse, au nom de Jésus.
8. Miroir de ténèbres formé contre moi, explose au visage de ton propriétaire, au nom de Jésus.
9. Tonnerre de Dieu, éclair de Dieu, levez-vous dans votre colère, dispersez tout rassemblement de sorcellerie qui me perturbe, au nom de Jésus.
10. Succès complet, poursuis-moi et trouve-moi au nom de Jésus.
11. Mon Père, fais de ma vie une histoire de succès, au nom de Jésus.
12. Tout décret satanique contre mon avancement, meurs, au nom de Jésus.
13. Je, (dites votre nom) accomplirai mon destin au temps marqué, au nom de Jésus.

14. Tout bon projet non accompli dans ma vie, sois accompli par le feu, au nom de Jésus.
15. Je marcherai, je courrai, je volerai comme un aigle cette année, au nom de Jésus.
16. Mes jambes spirituelles, entendez la parole du Seigneur, amenez-moi en avant par le feu, au nom de Jésus.

MFM praise and worship songs

(louanges et chants d'adoration)
Que Dieu se lève!
Et ses ennemis se dispersent *(pauvreté, les problèmes, les maladies etc)* X3
Que Dieu X 2
Se lève!
Alléluia!
****
Plantations maléfiques
Sortez au nom de Jésus
Sortez!!!
****
Si je suis enfant de Dieu que le feu tombe !
****
Lève Toi oh Dieu lève Toi x2
Et combattre pour moi !
Lève Toi oh Dieu lève Toi x2
****

Elohim x2
Jéhovah! Tu es Dieu
Elohim x2
Jéhovah! Tu es Dieu
****

Dieu invisible - infini
Dieu immortel - eternel
Dieu invisible -infini
Comme Tu es grand !
****

(En) vérité x2
Tu es bon
Jésus
Tu es Bon !
****

Tu es Alpha et Omega
Nous Te louons Seigneur
Tu es digne de louange
****

Sans doute Tu es Seigneur / mon Dieu x2
Sans doute x3

Infiniment x3
Tu es mon Dieu
****
Je vois toute chose
Avançant // Tournant en rond
Pour ma faveur.
****
Il est le Dieu de prodige x2
Il est Alpha et Omega
Il est le Dieu de Prodige

A PROPOS DU DR D.K. OLUKOYA

Le Dr. D.K. Olukoya est Pasteur principal et Superviseur Général des Ministères de la Montagnes de Feu et des Miracles et des Ministères du Cri de Guerre. Il est titulaire d'une licence de Microbiologie de l'Université de Lagos au Nigeria, et d'un **doctorat** dans le domaine de Génétique Moléculaire de l'Université de Reading, au Royaume Uni. Comme chercheur, il a plus de quatre-vingts publications à son actif.

Oint par Dieu, le Dr. Olukoya est un enseignant, un prophète, un évangéliste et un prédicateur de la Parole de Dieu. Sa vie et celle de sa femme, Shade, et leur fils, Elijah Toluwani, sont des preuves vivantes que tout pouvoir est à Dieu.

A PROPOS DU MINISTERE DE LA MONTAGNE DE FEU ET DES MIRACLES

Le **Ministère de la Montagne de Feu et des Miracles** (MFM) est un Ministère du Plein Evangile consacré au réveil des signes apostoliques, aux œuvres et miracles du Feu du Saint Esprit et à la démonstration illimitée de la puissance de Dieu à délivrer au-delà de toute mesure. On y enseigne ouvertement la Sainteté absolue à l'intérieur et à l'extérieur comme étant le plus grand désinfectant spirituel et une condition préalable pour aller au Ciel.

MFM est un Ministère Evangélique de " faites-le vous-même " où vos mains sont entraînées au combat et vos doigts à la bataille.

www.ingramcontent.com/pod-product-compliance
Lightning Source LLC
Chambersburg PA
CBHW070113070426
42448CB00038B/2646